사랑방 손님과 어머니

외국인을 위한 한국어 읽기 **43**

사랑방 손님과 어머니

한국어읽기연구회

대한민국, 서울, 학이시습, 2013

사랑방 손님과 어머니

지은이 한국어읽기연구회
펴낸이 박영률

초판 1쇄 발행일 2013년 7월 30일

학이시습
출판등록 2007년 8월 17일 제313-2007-000166호
02880 서울시 성북구 성북로 5-11 (성북동1가 35-38)
전화 (02) 7474 001, 팩스 (02) 736 5047
learningbooks@commbooks.com
www.commbooks.com

Lifelong Learning Books
5-11, Seongbuk-ro, Seongbuk-gu, Seoul, 02880, KOREA
phone 82 2 7474 001, fax 82 2 736 5047

ISBN 979-11-304-2043-1
979-11-288-9467-1 (세트)
979-11-304-2101-8 (세트 1)

책값은 뒤표지에 있습니다.

이 책을 읽는 분들께

한국어에 대한 관심이 높아지면서 한국어 학습자들이 늘어가고 있습니다. 그러나 한국어 학습자들을 위한 읽기 책은 대부분 한국어 교과서나 학습서에서 더 나아가지 못하고 있습니다.

여러분이 한국어 중급 정도의 학습자라면, 이제 재미가 있으면서 한국어 실력도 키울 수 있는 읽기 책을 원할 것입니다. 동시에 한국의 문화를 좀 더 이해할 수 있는 읽기 책을 원할 것입니다. 그래서 한국에서 널리 읽히는 문학작품들을 한국어 학습자의 실력에 맞게 다시 썼습니다.

이 책은 여러분이 흥미를 가지고 쉽게 읽을 수 있도록 구성했습니다. 먼저 각 책의 배경지식이 될 만한 그림이나 사진을 수록해 독자들의 이해를 돕고자 했습니다. '미리 읽어 보기'는 각 읽기 책이 어떤 이야기인지 상상해 볼 수 있게 도와줄 것입니다. 작가가 알려져 있는 경우는 '작가 알아보기'를 통해 작가에 대한 기본적인 정보를 알 수 있도록 했습니다. 본문 속에 단어 뜻풀이가 있어서 책을 읽다가 어려운 단어가 나와도 내용에 집중할 수 있습니다. '생각해 봅시다'를 통해 앞에서 읽은 내용을 정리하고 확인할 수 있습니다. ''는 단어 뜻풀이만으로는 알 수 없는 한국 문화에 대한 다양한 정보를 알려 줄 것입니다. 책 뒤에 있는 '단어 목록'은 단어 뜻풀이를 다시 찾아보거나 새로 알게 된 어휘들을 정리할 때 활용하면 좋습니다.

책을 한 권씩 읽는 동안, 여러분은 한국의 문학작품에 재미를 느끼고 한국의 문화를 좀 더 이해하게 될 것입니다. 또 한국어 어휘력이 향상되어 다음 단계의 읽기 책도 쉽게 읽어 나갈 수 있을 것입니다. 이 책을 통해 여러분이 한국어에 자신감을 가지고 한국의 문화와 더 가까워지기를 바랍니다.

한국어읽기연구회

미리 읽어 보기

이 소설의 주인공은 여섯 살 소녀 옥희이다. 옥희는 아버지를 잃고 어머니와 산다. 어느 날 옥희의 집에 아버지의 옛 친구가 함께 살게 된다. 그는 아버지가 쓰던 사랑방에 머물며 옥희와 점점 친해진다. 그는 옥희의 어머니를 사랑하지만 어머니는 새로운 사랑을 두려워한다. 결국 어머니는 사랑방 손님의 마음을 거절하고 사랑방 손님은 떠난다.

소설은 옥희의 목소리로 어머니와 사랑방 손님의 사랑 이야기를 들려준다. 아무것도 모르는 어린 옥희의 목소리여서 더 슬프게 느껴진다.

작가 알아보기

주요섭(1902~1972)

〈사랑방 손님과 어머니〉의 작가는 주요섭이다. 주요섭은 목사의 아들로 태어났다. 처음에는 가난한 사람들의 생활에 관한 소설을 썼다. 미국 유학 후에는 남녀의 사랑과 감정에 관심을 가졌다. 〈사랑방 손님과 어머니〉는 1935년에 발표했다.

차례

2부

3부

사랑방 손님과 어머니

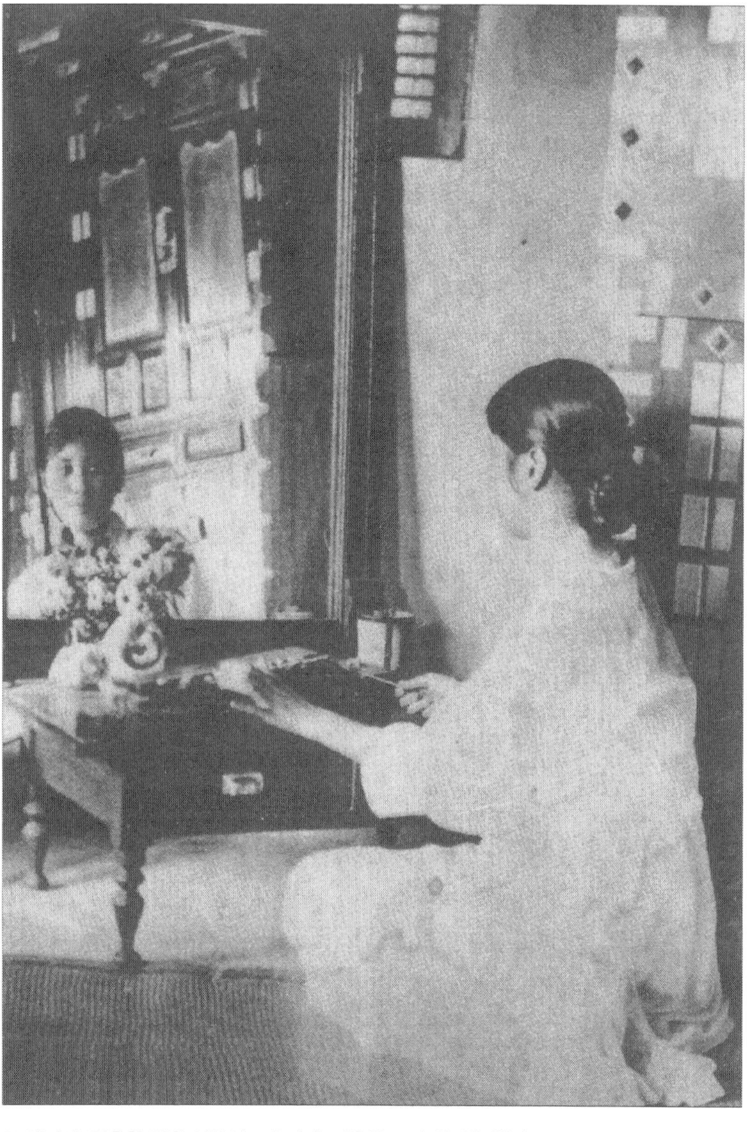

20세기 초 결혼한 젊은 여성의 모습이다. 거울을 보며 화장을 한다.
<일제강점기의 젊은 여성>, 권혁희(2005), ≪조선에서 온 사진엽서≫, 112쪽, 민음사.

20세기 초 한국에 서양식 건물의 교회가 많아졌다.
<일제강점기의 교회>, 한국저작권위원회 공유마당 홈페이지.

풍금은 오르간(organ)의 한자식 번역어이다. 19세기 말부터 서양의 문화가 한국에 들어오면서 풍금이 학교와 교회에서 많이 사용되었다.
<일제강점기의 풍금>, 약현성당 서소문순교성지전시관.

흰 연기를 내뿜으며 천천히 달리던 옛날 기차이다. 기차는 멀리 떠나는 사람들에게 꼭 필요한 교통수단이었다.
<기차가 지나가는 모습>, 커뮤니케이션북스.

1부

1

어머니와 나

나는 여섯 살 여자아이입니다. 이름은 박옥희예요. 우리 집 식구는 세상에서 제일 예쁜 우리 어머니와 나 둘뿐입니다. 아차, 큰일 날 뻔했어요! 외삼촌을 잊을 뻔했어요. 지금 중학교에 다니는 외삼촌은 항상 바쁩니다. 그래서 집에 없을 때가 많아요. 외삼촌은 사랑방에서 살아요. 그리

식구
가족. 같은 집에서 같이 밥을 먹으며 같이 사는 사람들.

아차
무엇이 잘못되었거나 실수했음을 갑자기 알게 되었을 때 하는 말.

외삼촌
엄마의 오빠나 남자 동생.

사랑방
예전에 집안의 남자 어른이 지내던 방 또는 남자 손님을 맞았던 방.

심부름
남이 시키는 일을 하는 것.

과부
남편이 죽어서 혼자 사는 여자.

고 어머니의 심부름도 해요.

*

우리 어머니는 세상에서 제일 예뻐요. 우리 어머니는 스물세 살인데 과

사랑채와 안채

한국의 전통 집에는 사랑채와 안채가 있었다. 사랑채는 남자들이 생활하던 곳이다. 사랑방은 집안의 남자 어른이 생활하면서 손님을 대접하던 방이다. 안채는 여자들이 생활하던 곳이다. 가족 외의 사람들이 쉽게 들어갈 수 없도록 집의 가장 안쪽에 있었다. 한국의 대통령이 있는 청와대에도 '사랑채'라고 부르는 곳이 있다. 이곳은 청와대를 방문하고 싶어 하는 사람들을 위해 특별히 만들어진 장소이다.

부예요. 과부가 무엇인지 나는 잘 몰라요. 동네 사람들은 나를 '과부의 딸'이라고 불러요. 그래서 나는 어머니가 과부인 줄 알게 되었어요. 남들은 다 아버지가 있는데 나는 아버지가 없어요. 아버지가 없다고 '과부의 딸'이라고 하나 봐요.

동네
자기가 사는 집의 근처.

2

아버지를 사랑한 어머니

우리 아버지는 내가 태어나기 한 달 전에 돌아가셨대요. 우리 어머니하고 결혼한 지는 일 년 만이고요. 우리 아버지의 집은 먼 곳이었어요. 그런데 이 동네 학교에 교사로 오게 되었대요. 아버지와 어머니는 이 집을 사서 여기에서 계속 살았어요. 이 집은 외할머니 댁 뒷집이에요. 그렇게

돌아가시다
'죽다'의 높임말.

교사
선생님.

댁
남의 집을 높여 가리키는 말.

살다가 일 년이 못 되어서 갑자기 아버지가 죽었대요.

⁂

내가 태어나기도 전에 돌아가셔서 나는 아버지 얼굴도 보지 못했어요. 그렇기 때문에 나는 아버지 생각은 안 나요. 아버지 사진은 한두 번 보았지요. 아주 멋진 얼굴이에요. 아버지가 살아 계시다면 세상에서 제일 멋진 아버지일 거예요. 그런 아버지를 못 본 것은 참 화나는 일이에요. 아버지 사진을 본 지도 오래되었어요. 전에는 그 사진을 어머니 책상에 두었어요. 외할머니는 오실 때마다

두다
어떤 자리에 놓다.

사진을 치우라고 하셨어요. 지금은 그 사진이 어디에 있는지 몰라요. 언젠가 어머니가 장롱 속에 무엇을 감추는 것을 보았어요. 아마 아버지 사진인 것 같았어요.

치우다
청소하다. 물건을 다른 데로 옮기거나 버리다.

장롱
옷이나 이불을 넣어 두는 가구.

감추다
숨기다. 물건을 남이 찾지 못할 곳에 두다.

⁂

아버지는 돌아가시기 전에 땅을 남기셨대요. 작년 여름, 아니, 가을이 되었을 때였어요. 어머니를 따라서 조그만 산에 갔어요. 거기 있는 땅이 우리 땅이래요. 산에서 농사지은 곡식은 우리가 먹기도 하고 팔기도 한다고 해요. 그래도 반찬을 사고 과자를 살 돈은 없대요. 그래서 어머니는

남기다
재산이나 빚 등을 다 없애지 않고 자식이나 손자 등에게 전하다.

농사짓다
곡식이나 채소를 기르는 일을 하다.

곡식
쌀, 보리, 콩 등을 모두 가리키는 말.

바느질을 해요. 바느질을 해서 번 돈으로 생선도, 달걀도 산다고 해요. 또 내가 먹을 사탕도 산다고 해요.

바느질
바늘과 실로 옷을 만들거나 고치는 일.

3

사랑방에 온 손님

어머니가 올봄에는 나를 유치원에 보내 준다고 했어요. 나는 너무나 좋아서 친구들한테 자랑을 했어요. 자랑을 하고 집으로 오니까 사랑방에 큰외삼촌이 와 있었어요. 큰외삼촌은 사랑방에 있는 외삼촌의 형이에요. 큰외삼촌은 낯선 사람과 이야기를 하고 있었어요.

올봄
올해 봄.

유치원
8세 이전의 아이들이 다니는 교육 시설.

자랑
자기가 가진 것, 자기와 관계있는 것 중에서 좋은 것을 남에게 말하거나 보여 주는 것.

큰외삼촌
어머니의 남자 형제 중에서 가장 나이가 많은 사람.

낯설다
전에 본 적이 없어서 모르다.

⁂

큰외삼촌은 나를 보더니 "옥희야!" 하고 부르며 말했어요.

"이리 와. 와서 아저씨께 인사드려라."

나는 부끄러워서 가까이 가지 못했어요. 낯선 손님이 말했어요.

"너 참 예쁘구나. 자네 조카딸인가?"

조카딸
자기 형제자매의 딸.

⁂

큰외삼촌은 고개를 끄덕이며 말했어요.

"응, 내 여동생의 딸이야. 죽은 경선 군의 하나뿐인 딸이지."

고개를 끄덕이다
'예'라는 뜻으로 머리를 아래위로 움직이다.

군
남자의 성이나 이름 뒤에 붙여서 아랫사람이나 친구를 친하게 부르는 말.

낯선 손님은 웃으면서 나에게 말했어요.

"옥희야, 이리 와. 네 눈은 네 아버지를 아주 많이 닮았구나."

닮다
생긴 모습이나 성격이 서로 비슷하다.

⁂

큰외삼촌도 나를 보고 웃으며 말했어요.

"옥희야, 뭘 부끄러워하니? 와서 아저씨께 인사해. 네 아버지의 옛날 친구야. 이제부터 사랑방에 계실 거야. 인사드리고 친하게 지내야지."

낯선 손님이 사랑방에 계실 거라는 말을 듣자 나는 즐거워졌어요. 나는 낯선 손님에게 인사를 하고 어머니 방으로 뛰어갔어요. 낯선 손님과 큰외삼촌은 크게 웃었어요.

⁂

나는 기뻐서 큰 소리로 말했어요.

"어머니, 큰외삼촌이 어떤 아저씨를 데리고 왔어요. 그런데 그 아저씨가 사랑방에 계속 있는대요."

어머니는 벌써 알고 있다는 듯이 "응, 그래." 했어요.

"그 아저씨 언제부터 와 있어요?"

내가 궁금해하자, 어머니는 "오늘부터야."라고 했어요. "정말 좋아!" 하고 나는 손뼉을 쳤어요. 어머니는 내 손을 잡으면서 조용히 하라고 했

데리고 오다
자기가 올 때 친구나 아랫사람을 자기와 같이 오도록 하다.

궁금해하다
알고 싶어 하다.

손뼉을 치다
두 손을 마주쳐 소리를 내다.

어요.

⁂

사랑방에는 가운데에 커다란 문이 있어요. 그 문을 닫으면 방이 둘로 나누어져요. 그 문을 닫고 외삼촌은 아랫방에, 아저씨는 윗방에 계시게 되었대요. 나는 아저씨가 꼭 마음에 들었어요. 아저씨도 내게 친절하게 해 주었어요. 아저씨는 우리 아버지의 어렸을 적 친구래요. 우리 큰외삼촌과도 친구래요.

나누어지다
원래 하나였던 것을 나누어서 여러 개가 되다.

마음에 들다
만족하다. 자기 마음에 맞아 아주 좋다.

⁂

아저씨는 멀리 가서 공부를 하다가 며칠 전에 돌아왔대요. 그리고 마침

마침
아주 알맞은 때에. 상황에 아주 알맞게.

우리 동네 학교 선생님으로 오게 되었지요. 이 동네에는 깨끗한 하숙집이 없어요. 그래서 우리 사랑방으로 오신 거예요. 밥값을 받으면 우리에게도 도움이 된다고 해요.

하숙집
매달 집주인에게 방값과 밥값을 내면서 사는 집.

⁂

아저씨에게는 그림책이 아주 많이 있어요. 내가 사랑방에 가면 아저씨는 나에게 그림책을 보여 줘요. 또 가끔 사탕도 주고요. 어느 날 점심을 먹고 사랑방에 갔어요. 아저씨는 그때 점심을 드시고 있었어요. 내가 구경하니까 아저씨가 웃으며 말했어요.

"옥희는 무슨 반찬을 제일 좋아하

니?"

삶다
물에 넣고 끓여 익히다.

나는 삶은 달걀을 좋아한다고 했어요. 그랬더니 삶은 달걀을 주면서 먹으라고 했어요.

*

나는 달걀을 먹으면서 말했어요.

"아저씨는 무슨 반찬이 제일 맛있어요?"

한참
오랫동안.

아저씨는 한참 소리 없이 웃더니 말했어요.

"나도 삶은 달걀!"

나는 손뼉을 치면서 말했어요.

얼른
빨리.

"나랑 똑같네요. 얼른 가서 어머니한테 알려 줘야지."

⁂

내가 일어나니까 아저씨가 깜짝 놀라며 말했어요.

"옥희야, 그러지 마라!"

하지만 나는 하고 싶은 말이 있으면 꼭 해야 해요. 그래서 어머니 방으로 뛰어가면서 소리를 질렀어요.

"어머니, 아저씨도 삶은 달걀을 제일 좋아한대요!"

어머니는 "떠들지 마라." 하고 웃으면서 눈을 흘기셨어요.

⁂

아저씨가 달걀을 좋아하는 것은 나에게 좋은 일이에요. 어머니가 달걀

지르다
목소리를 아주 크게 내다.

떠들다
시끄럽게 이야기하다.

흘기다
마음에 들지 않아 눈동자를 옆으로 돌려서 보다.

을 많이 사시니까요. 달걀 파는 할머니가 오면 열 개도 사고, 스무 개도 샀어요. 달걀을 삶아서 아저씨 밥상에도 놓고, 나에게도 하나씩 주었어요. 아저씨는 달걀을 먹지 않고 모아서 나에게 주기도 했어요. 그래서 나는 달걀을 실컷 먹었어요. 나는 아저씨가 아주 좋았어요.

모으다
쓰거나 먹지 않고 쌓아 놓다.

실컷
하고 싶은 만큼 다.

*

하지만 외삼촌은 가끔 불평을 했어요. 아저씨가 마음에 들지 않나 봐요. 아니, 아저씨 심부름이 싫은가 봐요. 한번은 어머니와 외삼촌이 말싸움을 했어요.

불평을 하다
마음에 들지 않는 것을 말로 표현하다.

말싸움
말로 하는 싸움.

"지금 나가지 마라. 선생님 오시면 밥상을 가져다 드린 후에 나가."

외삼촌은 기분이 안 좋은 것처럼 말했어요.

"내가 나가는 날은 왜 항상 늦으시는 거야."

*

어머니는 외삼촌을 달래며 말했어요.

"네가 없으면 선생님께 밥상을 가져갈 사람이 없잖아."

그러자 외삼촌이 어머니에게 놀리듯이 말했어요.

"누님이 가면 되잖아요. 사랑방

달래다
울거나 화를 내는 사람을 잘 이야기해서 기분이 좋아지도록 도와주다.

놀리다
장난으로 다른 사람을 부끄럽게 만들다.

누님
'누나'의 높임말.

손님이 남자여서 밥상도 못 갖다 줘요?"

어머니는 얼굴이 빨갛게 되고 대답도 없었어요. 어머니는 외삼촌을 향해 눈을 흘기셨어요. 그러자 외삼촌은 웃으면서 사랑방으로 들어갔어요.

내외하다

조선 시대에는 가족이 아닌 남녀가 같은 자리에 있으면 안 되었다. 그래서 남녀가 같이 있게 되는 상황을 피했다. 혹시 같은 자리에 있게 되면 얼굴을 돌려 서로 보지 않았다. 이런 행동을 '내외하다'라고 한다. 이런 문화는 점차 사라져 현대에는 보기가 어렵지만, 1900년대 사회에는 아직까지 그런 것을 중요하게 생각하는 분위기가 남아 있었다.

생각해 봅시다

1. 사랑방 손님은 옥희 아버지와 어떤 사이였습니까?

2. 사랑방 손님이 옥희네 집으로 오게 된 이유는 무엇입니까?

3. 사랑방 손님은 왜 삶은 달걀을 제일 좋아한다고 말했을까요?

2부

4

나를 귀찮게 하는 사랑방 손님

나는 유치원에 가서 노래도 배우고 춤도 배웠어요. 유치원 선생님은 풍금을 아주 잘 쳐요. 그런데 우리 집에도 풍금이 있는 게 생각났어요. 나는 집으로 오자마자 어머니에게 말했어요.

풍금
피아노와 비슷한 모양이나 발로 바람을 넣어 소리를 내는 악기.

"엄마, 이거 풍금 아니에요?"

어머니는 부드럽게 웃으면서 어떻

게 알았느냐고 했어요.

"유치원에 있는 풍금이 이것과 똑 같아요. 엄마도 풍금 칠 줄 알아요?"

어머니가 풍금을 치는 것을 본 일이 없었어요.

⁂

어머니는 대답을 안 하셨어요. 내가 어머니에게 자꾸 풍금을 쳐 보라고 하니까 어머니가 슬픈 표정으로 말했어요.

자꾸
계속 여러 번.

"이 풍금은 네 아버지가 사다 주신 거야. 네 아버지가 돌아가신 후에는 풍금을 친 적이 없어."

어머니는 곧 울 것 같아 보였어요.

나는 어머니가 울면 싫어요. 그래서 나는 얼른 "엄마 나 사탕 줘요!" 했어요. 그리고 어머니와 함께 밖으로 나왔어요.

⁂

아저씨가 오신 지 한 달이 지났어요. 나는 매일 아저씨 방에 갔어요. 어머니는 아저씨를 귀찮게 하면 안 된다고 하셨어요. 하지만 나는 아저씨를 귀찮게 하지 않았어요. 아저씨가 나를 귀찮게 했어요.

귀찮다
자기를 힘들게 하는 것 같아서 마음에 들지 않다.

⁂

아저씨는 나에게 묻는 것이 많았어요.

"옥희 눈은 아버지를 닮았어. 예쁜 코는 엄마를 닮았니? 입도 엄마를 닮았을까? 엄마도 옥희처럼 예쁘니?"

이렇게 여러 가지를 한 번에 묻기도 했어요. 이러면 정말 귀찮아요.

⁂

"아저씨, 아직 우리 엄마를 못 만났어요?"

나는 이상하다는 듯이 물었어요. 아저씨는 아무 말도 없었어요.

"우리 엄마를 보러 갈까요?"

내가 아저씨의 팔을 붙잡았어요. 그러니까 아저씨는 깜짝 놀랐어요.

"아니, 안 돼. 난 지금 너무 바쁘단다."

⁂

하지만 아저씨는 정말 바쁜 것 같지 않았어요. 나에게 가라고 하지 않고 계속 이야기했거든요.

"네가 입은 옷은 누가 만들었니? 밤에 엄마하고 같이 자니?"

아저씨는 계속 이상한 것만 물었어요.

⁂

그러나 아저씨는 외삼촌이 오면 달라졌어요. 나한테 이것저것 묻지도 않았어요. 그리고 나를 안지도 않았어요. 조용히 그림책만 보여 주었어요. 아저씨는 외삼촌이 무서운가 봐요.

⁂

어머니는 내가 아저씨를 귀찮게 한다고 생각해요. 그래서 어떤 때는 방에서 못 나가게 해요. 어머니가 바느질에 열중하면 나는 조용히 방에서 나와요. 어머니는 문 열리는 소리가 나면 나를 얼른 붙잡아요. 그런데 어머니는 화도 내지 않고 이렇게 말했어요.

"이리 와서 머리 빗고 가야지. 그냥 가면 아저씨가 안 예쁘다고 하실 거야."

열중하다
어떤 한 가지 일만 생각하고 행동하다.

빗다
빗으로 머리카락을 바르게 정리하다.

그냥
아무것도 하지 않고.

그러면서 새 옷으로 갈아입혀 주었어요.

5

사랑방 손님과 아빠

어느 토요일 오후였어요. 아저씨는 나에게 뒷산에 가자고 하셨어요. 나는 너무 좋았어요. 그래서 가자고 앞장을 섰어요. 아저씨는 어머니의 허락을 받으라고 했어요. 어머니는 내 얼굴을 다시 씻기고 머리도 빗겨 주었어요. 그리고 나를 아주 세게 안았어요. 어머니는 오래 있지 말라고 크

앞장을 서다
가장 앞에 가서 서다.

허락
아랫사람이 하고 싶다고 하는 일을 하라고 하는 것.

빗기다
빗으로 남의 머리카락을 바르게 정리해 주다.

세다
강하다.

게 말했어요. 아마 아저씨도 그 소리를 들었을 거예요.

⁂

뒷산에 올라가서 기차역을 보았어요. 하지만 기차는 안 지나갔어요. 나는 풀잎을 뽑기도 했어요. 아저씨 다리를 꼬집으면서 놀기도 했어요. 한참 후에 아저씨가 내 손을 잡고 내려왔어요.

뽑다
어디에 붙어 있는 것을 당기어 밖으로 빼다.

꼬집다
두 손가락으로 살을 집어 돌리다.

⁂

그때 유치원 친구들을 만났어요.

"옥희가 아빠하고 어디 갔다가 오는구나."

한 친구가 이렇게 말했어요. 그 친

구는 우리 아버지가 돌아가신 줄 모르는 아이였어요. 나는 얼굴이 빨개졌어요. 나는 '아저씨가 우리 아버지라면 얼마나 좋을까?'라고 생각했어요. 한 번이라도 "아빠!"라고 부르고 싶었어요. 아저씨하고 손잡고 오는 것이 정말 즐거웠어요.

⁂

대문
전통 한옥에서 볼 수 있는 문으로 집 안으로 들어가거나 나갈 때 사용하는 큰 문.

나는 대문까지 와서 아저씨에게 말했어요.

"난 아저씨가 우리 아빠라면 좋겠어요."

아저씨의 얼굴이 빨갛게 되었어요. 그리고 아저씨는 나를 잡고 말했어요.

"그런 말 하면 안 돼."

아저씨의 목소리는 매우 떨렸어요. 아저씨는 화가 난 것 같았어요. 우리는 아무 말 없이 안으로 들어갔어요. 어머니가 어디까지 갔느냐며 나를 안아 주었어요. 나는 대답도 못 하고 울음을 터뜨렸어요. 어머니는 놀라서 왜 그러냐고 했어요. 하지만 나는 계속 울기만 했어요.

떨리다
너무 춥거나 무서워서 목소리의 높낮이가 심하게 바뀌다.

울음을 터뜨리다
갑자기 크게 울다.

6

교회에서 만난 사랑방 손님과 어머니

뒷산에 다녀온 다음 날은 일요일이었어요. 나는 어머니와 교회에 가려고 준비를 했어요. 어머니가 옷을 갈아입는 동안 나는 사랑방에 갔어요. 아저씨가 아직도 화가 났나 궁금했어요. 나는 방 안을 들여다보았어요. 아저씨는 책상에 앉아 뭔가를 쓰다가 나를 보았어요. 아저씨는 말없이

들여다보다
잘 보려고 가까이 가서 자세히 보다.

부드럽게 웃었어요. 그 웃음을 보고 나는 마음을 놓았어요.

마음을 놓다
걱정하지 않고 마음을 편안히 가지다.

⁂

아저씨는 나를 보더니 말했어요.

"옥희야, 예쁘게 입고 어디에 가니?"

나는 어머니하고 교회에 간다고 말했어요. 아저씨는 어느 교회냐고 물었어요. 나는 우리 교회를 말해 주었어요. 그때 어머니가 나를 불렀어요. 나는 어머니에게 달려가면서 아저씨를 보았어요. 아저씨는 또 얼굴이 빨개져서 화가 난 것 같았어요. 왜 아저씨가 요즘 그렇게 화를 자주

교회
기독교를 믿는 사람들이 모이는 곳.

내는지 알 수가 없었어요.

⁂

기도
바라는 것이 이루어지기를 신에게 비는 것.

교회에 가서 기도를 하다가 아저씨가 생각났어요. 혹시 아저씨가 교회에 왔나 해서 눈을 뜨고 찾아보았어요. 그런데 아저씨가 정말 와서 교회에 앉아 있었어요. 아저씨는 어른인데도 기도 시간에 눈을 뜨고 있었어요. 아이들처럼 눈을 뜨고 이쪽저쪽을 보고 있었어요. 아저씨는 웃지 않고 어딘가를 보고 있었어요. 그래서 나는 손을 흔들었어요. 아저씨는 얼른 고개를 숙였어요.

흔들다
어떤 것을 위아래, 앞뒤 등으로 자꾸 움직이다.

고개를 숙이다
머리를 앞쪽으로 기울이다.

⁂

그때 어머니가 내 팔을 붙잡아 내렸어요. 나는 어머니의 귀에다 아주 작은 소리로 말했어요.

"저기에 아저씨도 왔어요."

어머니는 깜짝 놀라면서 손으로 내 입을 막았어요. 그리고 나를 세게 끌어당겼어요. 어머니 얼굴이 또 홍당무처럼 빨개졌어요.

⁂

그날 예배는 아주 엉망진창이었어요. 예배가 끝나도록 어머니는 화가 나서 앞만 보고 있었어요. 전처럼 가끔 나를 보고 웃는 일도 없었어요. 아저씨도 나를 보지 않았어요. 왜 모

입을 막다
소리를 내지 않도록 빨리 손을 입 위에 놓다.

끌어당기다
어떤 것을 잡고 끌어서 자기에게 가까이 오게 하다.

홍당무
당근.

예배
신에게 존경하는 마음으로 드리는 의식.

엉망진창
어떤 일이나 장소가 아주 심하게 잘못되어 있는 상태.

두 화가 났을까요? 나는 정말 울고 싶었어요. 하지만 교회에 우리 유치원 선생님도 와 있어서 울음을 꾹 참았어요.

꾹
매우 힘들게 참거나 견디는 모양.

참다
감정을 누르다. 하고 싶은 것을 하지 않다.

7

어머니를 울게 한 일

유치원에 처음 다닐 때는 외삼촌이 데려다 주었어요. 며칠 뒤부터 나 혼자도 잘 다니게 되었어요. 유치원에서 돌아오면 어머니가 대문에서 기다렸어요. 내가 뛰어가면 어머니는 나를 안고 집으로 들어갔어요.

⁂

그런데 하루는 어머니가 대문에 없

었어요. 외할머니 댁에 가신 것 같았어요. 나는 화가 났어요. 내가 돌아왔는데 어머니가 집에 없었잖아요. 그래서 어머니를 골려 줘야겠다고 생각했어요.

골리다
상대를 놀려서 화가 나게 하다.

*

바로 그때 문밖에서 어머니의 목소리가 들렸어요. 나는 신발을 벗고 안방으로 들어갔어요. 나는 벽장을 열고 들어가서 숨었어요.

"옥희야, 옥희 안 왔니?"

어머니 목소리가 들렸어요. 어머니는 나를 찾다가 밖으로 나가는 것 같았어요. 나는 재미있어서 작은 소

안방
집주인이 사는 가장 크고 좋은 방.

벽장
한쪽 벽을 뚫고 공간을 만들어 그 속에 물건을 넣어 두는 곳.

숨다
남한테 보이지 않는 곳이나 남이 자기를 찾을 수 없는 곳에 가 있다.

리로 웃었어요.

⁂

집에서는 난리가 났어요. 어머니, 외할머니, 외삼촌 목소리가 들렸어요. 어머니가 걱정하며 말했어요.

난리가 나다
큰일이 나서 사람들이 시끄럽게 떠들다.

"잠깐 어머니 댁에 간 사이에 옥희가 없어졌네요. 어떻게 하면 좋아요?"

외할머니도 걱정하는 목소리로 말했어요.

"유치원에서는 삼십 분 전에 떠났다는데 어디에 갔을까?"

외삼촌이 밖으로 나가며 말했어요.

"내가 나가서 찾아볼게요. 옥희는

도대체
상대방의 행동이나 상황이 전혀 이해가 안 될 때 그에 대해 질문하며 사용하는 말.

답답하다
너무 좁거나 창문이 없어 꽉 막힌 느낌이 있다.

도대체 어디에 간 거야?"

⁂

잠시 후 어머니의 울음소리가 들렸어요. 외할머니는 어머니를 달래는 것 같았어요. 나는 이제 나갈까 생각했어요. 그러나 교회에서 어머니가 화냈던 것이 생각났어요. 그래서 그대로 벽장 안에 있었어요. 벽장 안은 답답하고 더웠어요. 누워 있던 나는 잠이 들었어요.

⁂

얼마 동안 잤는지 모르겠어요. 잠을 깨니까 어둡고 좁고 덥고 이상한 곳이었어요. 나는 벽장에 들어온 것을 잊었어요. 그래서 무서워졌어요. 나는 울기 시작했어요. 그때 가까운 곳에서 어머니의 놀란 목소리가 들렸어요. 벽장이 열리면서 어머니가 나를 안았어요.

"이 못된 것!"

어머니는 내 엉덩이를 몇 번 때렸어요. 나는 더욱더 크게 울었어요.

못되다
성격이나 행동이 아주 좋지 않다.

때리다
손이나 손에 든 물건으로 치다.

⁂

그러자 어머니는 나를 안고 함께 울었어요.

"옥희야, 옥희야. 이제 괜찮다. 엄마가 여기 있잖아. 울지 마. 엄마는 옥희만 있으면 된다. 옥희 하나만 키

키우다
보살펴서 자라게 하다.

우면서 살 거야. 나는 너 하나면 된다. 세상 모든 것은 다 필요 없다. 옥희만 있으면 돼."

나에게 울지 말라고 하면서 어머니는 계속 울었어요. 외할머니는 한숨을 쉬며 말했어요.

한숨을 쉬다
걱정이 있어서 숨을 길게 쉬다.

"어린아이가 왜 벽장 속에 숨었을까?"

외삼촌은 화를 내면서 나갔어요.

"에잇, 괜히 걱정했잖아."

에잇
기분이 갑자기 나빠졌을 때 내는 소리.

8

꽃 선물과 어머니의 노래

다음 날 집으로 올 때 전날 생각이 났어요. 벽장에 숨었다가 어머니를 울게 한 일 말이에요. 나는 어머니를 기쁘게 해 드리고 싶었어요. 무엇을 드리면 어머니가 기뻐할까 생각했어요. 유치원 선생님 책상 위에 놓인 꽃병이 생각났어요. 그 꽃병에는 빨갛고 예쁜 꽃이 꽂혀 있었어요. 나는

꽃병
꽃을 꽂아 두는 병.

꽂히다
빠지지 않게 끼워져 있거나 쓰러지지 않게 세워져 있다.

어머니가 꽃을 사랑하는 것을 알아요. 그 예쁜 꽃을 드리면 어머니가 기뻐할 것 같았어요.

⁂

나는 다시 유치원으로 갔어요. 유치원에는 아무도 없었어요. 선생님도 잠깐 어디에 간 것 같았어요. 꽃병에는 꽃이 있었어요. 나는 그 꽃을 가지고 빨리 나왔어요.

⁂

어머니는 대문 앞에서 나를 기다리고 있었어요. 어머니는 나를 안고 집으로 들어왔어요.

"그 꽃은 누가 주었니? 정말 예쁘

구나."

어머니가 묻자 갑자기 할 말이 생각나지 않았어요. 유치원에서 가져왔다고 할 수 없었어요. 몰래 가져온 것이 부끄러웠어요. 그래서 잠깐 망설이다가 어머니에게 말했어요.

"사랑방 아저씨가 엄마 갖다 드리라고 줬어요."

왜 이런 거짓말을 했는지 나도 모르겠어요.

망설이다
이것저것 생각만 하고 마음이나 태도를 결정하지 못하다.

⁂

어머니는 꽃을 들고 냄새를 맡고 있었어요. 그런데 내 말을 듣고 어머니는 깜짝 놀랐어요. 그리고 그대로 가

맡다
코로 냄새를 느끼다.

가만히
움직이지 않고 조용히.

만히 있었어요. 어머니 얼굴이 그 꽃보다도 더 빨갛게 되었어요. 어머니는 주위를 둘러보며 말했어요.

둘러보다
주위를 이리저리 살펴보다.

"옥희야, 이런 것을 받아 오면 안 돼."

어머니의 목소리가 많이 떨렸어요.

⁂

어머니가 꽃을 받고 화를 낼 줄은 몰랐어요. 어머니는 꽃을 정말 좋아하거든요. 나는 어머니가 화내는 이유를 알 수 없었어요. 나는 거짓말을 하길 잘했다고 생각했어요. 그 꽃을 아저씨가 주었다고 한 것 말이에요. 내가 아니라 아저씨에게 화내는 것이 낫지요. 어머니는 나를 방으로 데리고 가서 말했어요.

낫다
더 좋다.

"옥희야, 너 이 꽃 이야기를 다른 사람에게 하지 마라. 알았지?"

나는 "응!" 하고 대답했어요.

⁂

나는 어머니가 꽃을 버릴 거라고 생각했어요. 하지만 어머니는 그 꽃을 꽃병에 꽂았어요. 그리고 풍금 위에 놓았어요. 꽃은 며칠 동안 풍금 위에 있었어요. 그리고 시들었어요. 꽃이 시들자 어머니는 꽃만 잘랐어요. 어머니는 꽃을 책 속에 끼웠어요.

시들다
꽃이나 풀이 말라서 죽어 가다.

끼우다
좁거나 틈이 있는 곳에 빠지지 않게 넣다.

⁂

그날 밤 나는 사랑방에 갔어요. 아저씨 무릎에 앉아 그림책을 보았어요. 갑자기 아저씨가 깜짝 놀랐어요. 풍금 소리가 들렸어요! 분명히 안방에서 풍금 소리가 들렸어요.

"엄마가 풍금을 치나 봐요."

벌떡
갑자기 급하게 일어나는 모양.

나는 벌떡 일어나서 안방으로 뛰어갔어요. 어머니는 불도 켜지 않고 풍금을 치고 있었어요.

*

다가가다
가까이 가다.

나는 어머니가 풍금 치는 것을 처음 보았어요. 어머니는 유치원 선생님보다도 더 잘 쳤어요. 내가 다가가도 어머니는 풍금만 쳤어요. 그러더니 어머니는 노래도 부르기 시작했어요. 나는 어머니의 노래를 처음 들었어요. 어머니의 목소리가 얼마나 아름다운지요! 노래는 하늘에서 들리는 것처럼 아름다웠어요.

⁂

얼마 후 어머니의 목소리가 떨렸어요. 어머니의 노래는 작아지더니 사라졌어요. 풍금 소리도 없어졌어요. 어머니는 일어나더니 내 머리를 쓰다듬었어요. 어머니는 나를 안고 마당으로 나왔어요. 어머니는 말없이 나를 껴안았어요. 달빛 때문에 어머니 얼굴이 아주 하얗게 보였어요. 나는

사라지다
없어지다.

쓰다듬다
머리나 등 등을 손으로 쓸듯이 가볍게 만지다.

마당
대문 안쪽에 있는 넓은 땅.

껴안다
두 팔로 품에 안다.

선녀
하늘나라에서 사는 여자.

뺨
얼굴 양쪽의 넓은 살.

어머니가 선녀 같다고 생각했어요.

⁂

어머니의 하얀 두 뺨 위로 눈물이 흘렀어요. 어머니가 우니까 나도 울고 싶어졌어요.

"엄마 왜 울어요?"

이렇게 묻고는 나도 울기 시작했어요. 그러자 어머니가 내 이름을 불렀어요.

"옥희야."

"응?"

어머니는 한참 동안 말을 하지 않았어요. 그리고 한참 후 조용한 목소리로 말했어요.

"옥희야, 나는 너만 있으면 된다. 나는 너 하나면 돼."

"엄마!"

내가 불러도 어머니는 대답이 없었어요.

생각해 봅시다

1. 어머니는 그동안 왜 풍금을 치지 않았습니까?

2. 사랑방 손님은 왜 교회에 갔을까요?

3. 풍금을 치던 어머니는 왜 옥희를 안고 울었을까요?

3부

9

어머니의 이상한 행동들

하루는 아저씨가 서랍에서 봉투를 꺼냈어요. 그리고 나에게 주며 말했어요.

"옥희야, 엄마 갖다 드려. 지난 달 밥값이라고 해라."

나는 그 봉투를 어머니에게 갖다 드렸어요.

서랍
책상이나 옷장 등에 붙어 끼웠다 뺐다 하는 상자.

봉투
편지나 서류 등을 넣기 위해 종이로 만든 주머니.

꺼내다
안에서 밖으로 나오게 하다.

어머니는 봉투를 받자 얼굴이 아주 하얗게 되었어요. 달빛 때문에 하얗게 되었을 때보다 더 하얗게 되었어요. 어머니는 봉투를 들고 움직이지 않았어요. 나는 아저씨의 지난 달 밥값이라고 말했어요. 그러자 어머니는 갑자기 "응?" 하고 놀랐어요. 꼭 잠에서 깬 사람 같았어요. 하얗던 얼굴이 빨갛게 되었어요. 어머니는 봉투 속에서 돈을 꺼냈어요. 그러면서 안심한 것처럼 살짝 웃었어요.

깨다
잠을 자는 상태에서 나와 정신을 차리다.

안심하다
걱정하지 않고 마음을 편하게 가지다.

⁂

그러나 그것도 잠시였어요. 어머니는 뭔가에 놀란 것 같았어요. 얼굴은 다시 하얗게 되었어요. 입술도 조금씩 떨렸어요. 지폐 사이에 하얀 종이가 함께 있었어요. 어머니는 한참 망설이는 것 같았어요. 그러더니 그 하얀 종이를 펴서 읽었어요. 나는 무슨 글이 씌어 있는지 알 수 없었어요. 어머니 얼굴은 하얗다가 빨갛다가 했어요. 어머니의 손도 떨렸어요. 종이도 떨리면서 소리가 날 것 같았어요.

떨리다
몸의 어떤 부분이 작게 자꾸 움직이다.

지폐
종이로 만든 돈.

⁂

어머니는 그 종이를 다시 접었어요. 돈과 함께 봉투에 넣었어요. 그리고 가만히 앉아 있었어요. 어머니는 천장만 쳐다봤어요. 나는 어머니가 아

접다
작게 만들려고 종이나 우산 같은 것을 반씩 겹치다.

천장
지붕의 안쪽.

플까 봐 걱정이 되었어요. 나는 어머니 무릎에 안기며 자자고 말했어요. 어머니는 내 뺨에 뽀뽀를 해 주었어요. 그런데 어머니의 입술이 정말 뜨거웠어요. 불에 달군 돌처럼 뜨거웠어요.

뽀뽀
볼이나 입술 등에 입을 맞추는 것.

달구다
쇠나 돌 등을 불에 넣어 뜨겁게 하다.

*

그날 밤 잠을 자다가 깨었어요. 옆을 만져 보니 어머니가 없었어요. 어머니가 없어서 나는 무서워졌어요. 그래서 눈을 크게 뜨고 주위를 둘러보았어요. 달빛 때문에 방 안이 조금 밝게 보였어요. 아버지의 옷장이 열려 있었어요. 옷장 앞에는 흰 옷이

옷장
옷을 넣어 두는 가구.

여러 개 놓여 있었어요. 어머니가 옷장에 기대어 앉아 있었어요. 어머니는 눈을 감고 소곤거리고 있었어요. 나는 어머니가 기도를 하나 보다고 생각했어요.

기대다
혼자 힘으로 서거나 앉지 않고 다른 것에 몸을 대고 서거나 앉다.

소곤거리다
남이 알아듣지 못하게 작은 소리로 말하다.

*

나는 어머니에게 물었어요.

"엄마, 뭐 해요?"

어머니는 눈을 뜨고 나를 조용히 쳐다보았어요. 그리고 나에게 자자고 했어요. 어머니는 아버지의 옷을 들고 만졌어요. 그러고는 다시 옷장 안에 넣었어요. 어머니는 옷을 다 넣고 옷장 문을 잠갔어요. 어머니는 나

잠그다
열쇠로 문이 열리지 않도록 하다.

를 안았어요. 그리고 우리는 다시 잤어요.

10

손수건에 담긴 어머니의 편지

요즘 나는 어머니 마음을 정말 알 수가 없어요. 어머니는 어떤 때는 아주 유쾌해요. 밤에 풍금도 치고 노래도 불러요. 나는 어머니의 풍금 치는 모습이 좋아요. 어머니의 노래를 듣는 것이 참 좋아요. 나는 너무 좋아서 가만히 어머니 옆에 앉아 들었어요.

유쾌하다
즐겁고 상쾌하다.

그러나 가끔 노래는 울음으로 끝났어요. 그럴 때에는 나도 울었어요. 그러면 어머니는 나를 안고 무수히 뽀뽀를 했어요. 그리고 나를 보며 말했어요.

무수히
셀 수 없이 많이.

"엄마는 옥희만 있으면 돼. 그렇지?"

그러고는 우셨어요.

⁂

어떤 일요일 날이었어요. 그날은 유치원이 방학한 다음 날이었어요. 어머니는 아파서 교회에 가지 않았어요. 집에는 어머니와 나만 있었어요. 어머니는 머리가 아프다고 누워 있

방학하다
학기가 끝난 뒤 얼마 동안 수업을 쉬다.

었어요. 어머니가 갑자기 나에게 물으셨어요.

"옥희야, 아빠가 보고 싶니?"

나는 어리광을 부리면서 대답했어요.

어리광을 부리다
귀여움을 받으려고 어린아이처럼 행동하다.

"응, 아빠가 있으면 좋겠어."

⁂

어머니는 한참 동안 천장을 보다가 말했어요.

"옥희도 아빠가 없는 것은 아니야. 일찍 돌아가셨을 뿐이야. 그런데 옥희가 새로 아버지를 가지면 사람들이 욕할 거야. 옥희는 어려서 모를 거야. 하지만 아버지를 또 가지는 건

욕하다
매우 잘못하고 있다고 나쁘게 말하다.

창피하다
부끄럽다.

혼잣말
혼자 하는 말.

창피한 일이야. 사람들이 엄마랑 옥희한테 욕을 할 거야. 옥희는 커서 좋은 사람과 결혼도 못 할 거야."

어머니는 혼잣말을 하듯이 천천히 말했어요.

일부종사

조선 시대에는 여자는 재혼하지 않아야 한다고 생각했다. 남편이 죽었어도 여자가 다시 결혼을 하는 것은 부끄러운 일이라고 생각했다. 이렇게 여자는 일생 동안 남편이 1명이어야 한다는 생각을 한 단어로 '일부종사'라고 한다. 어머니가 재혼을 하면 자식들에게도 부끄러움이 되었다. 그래서 예전에는 남편이 없어도 재혼하지 않고 혼자 아이를 키우는 여자가 많았다.

⁂

한참 있다가 어머니는 내 이름을 불렀어요.

"옥희야, 옥희는 언제나 엄마 옆에 있을 거지? 옥희는 언제나 엄마와 함께 살 거지? 엄마가 늙어서 할머니가 되어도 함께 살 거지? 옥희는 엄마를 얼마나 사랑해?"

나는 대답을 하면서 두 팔을 크게 벌렸어요.

벌리다
둘 사이를 넓히거나 둘 사이에 거리를 두다.

"이만큼!"

⁂

어머니는 나를 보며 대답했어요.

"그래, 그래. 옥희는 언제나 엄마

를 사랑하지."

또 어머니의 목소리가 떨렸어요. 어머니는 또 울 것 같았어요. 나는 어머니가 또 울까 봐 걱정했어요. 나는 어머니에게 큰 소리로 말했어요.

"엄마, 이만큼 또 이만큼!"

나는 팔도 더 크게 벌렸어요. 어머니는 울지 않았어요. 대신 나를 숨이 막히도록 세게 안았어요.

⁂

그날 밤 저녁을 먹고 어머니는 나를 불렀어요. 어머니는 내 머리를 새로 빗겼어요. 옷도 갈아입혀 주었어요. 나는 어머니에게 물었어요.

부르다
말이나 몸짓으로 다른 사람을 오라고 하다.

"어디 가요?"

어머니는 웃으면서 아니라고 했어요. 그리고 새로 다림질한 하얀 손수건을 내게 주며 말했어요.

다림질하다
다리미로 구겨진 옷을 펴다.

"사랑방 아저씨 손수건이니까 가져다 드려라. 오래 있지 마라. 손수건만 드리고 빨리 와. 알았지?"

⁂

사랑방으로 가면서 손수건을 만졌어요. 손수건 사이에 종이가 있는 것 같았어요. 나는 그것을 펴 보지 않았어요. 나는 아저씨 방으로 갔어요. 그리고 아저씨에게 손수건을 주었어요.

⁂

아저씨는 방에 누워 있었어요. 벌떡 일어나서 손수건을 받았어요. 아저씨는 나를 보고도 웃지 않았어요. 아저씨의 얼굴이 창백해졌어요. 그리고 입술을 깨물었어요. 아저씨는 아무 말도 하지 않았어요. 손수건만 받았어요.

창백해지다
얼굴에 붉은빛이 사라지고 하얗게 되다.

깨물다
이로 강하게 물다.

*

나는 기분이 이상했어요. 그래서 바로 안방으로 돌아왔어요. 어머니는 풍금 앞에 가만히 앉아 있었어요. 나도 어머니 옆에 가서 가만히 앉았어요. 한참 후 어머니는 조용히 풍금을 치기 시작했어요. 무슨 노래인지 몰라도 매우 슬펐어요. 늦게까지 어머니는 풍금을 쳤어요. 슬프고 조용한 노래를 계속 쳤어요.

11

떠나는 사랑방 손님

어느 날 오후에 나는 오랜만에 사랑방에 갔어요. 아저씨가 방에 있는 물건들을 싸고 있었어요. 손수건을 드린 다음부터 아저씨는 언제나 슬픈 얼굴이었어요. 걱정이 있는 사람 같았어요. 나를 봐도 말을 하지 않았어요. 그래서 나도 사랑방에 가지 않았어요.

싸다
보자기나 가방을 이용해 가지고 다니기 좋게 만들다.

⁂

아저씨가 짐을 싸서 나는 몹시 놀랐어요. 나는 아저씨에게 물었어요.

"아저씨, 어디 가세요?"

아저씨는 고개를 끄덕이며 말했어요.

"응, 멀리 간다."

아저씨는 기차를 타고 떠날 거라고 했어요. 나는 아저씨에게 언제 돌아오느냐고 물었어요. 하지만 아저씨는 대답하지 않았어요. 대신 아저씨는 서랍에서 예쁜 인형을 하나 꺼내 주며 말했어요.

인형
사람이나 동물 모양으로 만든 장난감.

"옥희야, 이 인형을 가져. 옥희는

아저씨가 떠나면 아저씨를 잊겠지?"

나는 슬퍼졌어요. 나는 절대로 아저씨를 잊지 않는다고 했어요.

*

나는 인형을 들고 안방으로 돌아왔어요. 나는 어머니에게 말했어요.

"엄마, 이것 봐요. 아저씨가 이 인형을 나에게 줬어요. 아저씨는 오늘 기차 타고 멀리 간대요."

어머니는 대답이 없었어요. 나는 아저씨가 왜 떠나는지 물었어요. 어머니는 학교가 방학이어서 떠난다고 했어요.

"아저씨는 갔다가 언제 돌아와

요?”

내가 묻자 어머니는 대답이 없었어요. 나는 입을 삐죽거리며 말했어요.

“아저씨가 가는 거 싫다!”

삐죽거리다
기분이 좋지 않아서 입을 앞으로 빼고 이리저리 움직이다.

⁂

어머니는 나에게 달걀을 모두 가져오라고 하셨어요. 바구니에는 달걀이 여섯 개 있었어요. 어머니는 달걀 여섯 개를 모두 삶았어요. 어머니는 삶은 달걀을 모두 손수건으로 예쁘게 쌌어요. 그리고 아저씨에게 갖다 드리라고 했어요.

바구니
과일이나 채소를 옮기는 데 쓰려고 대나무 등을 엮어서 만든 그릇.

12

어머니의 슬픈 얼굴

그날 오후에 아저씨가 떠났어요. 나는 방에서 인형을 업고 놀고 있었어요. 아저씨가 준 인형을 재우고 있었어요. 어머니가 방으로 들어왔어요. 그리고 나에게 뒷산에 가자고 했어요. 나는 신이 나서 얼른 가자고 했어요. 나는 아저씨가 준 인형을 가져가도 되는지 물었어요. 어머니는 그

업다
남을 자기 등에 올리고 손으로 붙잡다.

재우다
자게 하다.

신이 나다
굉장히 즐겁고 기분이 좋다.

러라고 했어요. 나는 인형을 안고 어머니와 함께 뒷산으로 올라갔어요.

⁂

뒷산에 올라가면 기차역이 아주 잘 보여요. 나는 큰 소리로 말했어요.

"엄마, 기차역을 좀 봐요. 기차는 없네요."

어머니는 대답이 없었어요. 가만히 서 있었어요. 바람이 시원하게 불었어요. 어머니의 치마가 살짝 흔들렸어요. 산 위에 가만히 서 있는 어머니는 평소보다 훨씬 더 예뻤어요.

평소
보통 때.

훨씬
아주 많이.

⁂

그때 산 아래로 기차가 나타났어요.

"와, 기차 온다!"

나는 좋아서 소리를 질렀어요. 기차는 기차역에 잠시 머물렀어요. 그러더니 기적 소리를 내며 움직였어요.

머무르다
움직이다가 멈추어서 그대로 있다.

기적
기차나 배에서 주위의 다른 사람들이 조심하도록 소리를 내는 장치.

"기차 떠난다!"

나는 소리를 지르며 손뼉을 쳤어요. 어머니는 조용히 기차를 바라보고 있었어요. 기차가 완전히 사라질 때까지 기차를 보았어요. 어머니는 기차의 연기가 모두 사라질 때까지 가만히 서 있었어요.

*

뒷산에서 내려와 어머니는 방으로

들어갔어요. 그리고 풍금 뚜껑을 닫고 자물쇠를 채웠어요. 어머니는 풍금 위에 있던 책에서 마른 꽃잎을 찾아냈어요. 어머니는 꽃잎을 주면서 버리라고 했어요. 그것은 내가 유치원에서 가져왔던 꽃이었어요.

⁂

그때 대문에서 달걀 파는 할머니의 목소리가 들렸어요. 달걀을 사라고 외치는 소리였어요.

"이제 우리는 달걀을 안 사요. 달걀을 먹을 사람이 없어요."

어머니는 힘이 하나도 없는 목소리로 말했어요.

자물쇠
열고 닫는 물건을 잠그는 데 사용하는 물건.

채우다
문이나 서랍 등을 자물쇠 등으로 열지 못하게 하다.

찾아내다
찾기 어려운 것을 찾다.

외치다
큰 소리로 말하다.

이제
지금. 지금부터.

⁂

나는 어머니 말에 깜짝 놀랐어요. 어머니에게 아니라고 말하고 싶었어요. 그래서 어머니를 보았어요. 석양이 비친 어머니 얼굴은 창백했어요. 나는 그런 어머니에게 아무 말도 할 수 없었어요. 대신 나는 아저씨가 주신 인형의 귀에다가 조용히 속삭였어요.

석양
저녁 해.

창백하다
얼굴에 붉은빛이 없고 하얗다.

"얘, 우리 엄마는 거짓말도 잘한다. 내가 달걀을 좋아하는 줄 알면서 먹을 사람이 없다고 한다. 엄마한테 달걀을 사 달라고 말하고 싶어. 하지만 엄마의 얼굴이 너무 창백해. 내가 달걀을 사 달라는 말을 하지 말아야겠어. 엄마가 많이 아픈가 봐."

생각해 봅시다

1. 사랑방 손님이 어머니에게 준 봉투에는 무엇이 들어 있었습니까?

2. 어머니가 사랑방 손님에게 준 종이에는 어떤 내용이 쓰여 있었을까요?

3. 어머니는 사랑방 손님을 잊기 위해서 어떻게 했습니까? 모두 쓰십시오.

참고 문헌

김상일 편(1972). ≪구름을 잡으려고 · 사랑방손님과 어머니 외≫. 신여원.

단어 목록

ㄱ

가만히 움직이지 않고 조용히.

감추다 숨기다. 물건을 남이 찾지 못할 곳에 두다.

고개를 끄덕이다 '예'라는 뜻으로 머리를 아래위로 움직이다.

고개를 숙이다 머리를 앞쪽으로 기울이다.

곡식 쌀, 보리, 콩 등을 모두 가리키는 말.

골리다 상대를 놀려서 화가 나게 하다.

과부 남편이 죽어서 혼자 사는 여자.

교사 선생님.

교회 기독교를 믿는 사람들이 모이는 곳.

군 남자의 성이나 이름 뒤에 붙여서 아랫사람이나 친구를 친하게 부르는 말.

궁금해하다 알고 싶어 하다.

귀찮다 자기를 힘들게 하는 것 같아서 마음에 들지 않다.

그냥 아무것도 하지 않고.

기대다 혼자 힘으로 서거나 앉지 않고 다른 것에 몸을 대고 서거나 앉다.

기도 바라는 것이 이루어지기를 신에게 비는 것.

기적 기차나 배에서 주위의 다른 사람들이 조심하도록 소리를 내는 장치.

깨다 잠을 자는 상태에서 나와 정신을 차리다.

깨물다 이로 강하게 물다.

꺼내다 안에서 밖으로 나오게 하다.

껴안다 두 팔로 품에 안다.

꼬집다 두 손가락으로 살을 집어 돌리다.

꽂히다 빠지지 않게 끼워져 있거나 쓰러지지 않게 세워져 있다.

꽃병 꽃을 꽂아 두는 병.

꾹 매우 힘들게 참거나 견디는 모양.

끌어당기다 어떤 것을 잡고 끌어서 자기에게 가까이 오게 하다.

끼우다 좁거나 틈이 있는 곳에 빠지지 않게 넣다.

ㄴ

나누어지다 원래 하나였던 것을 나누어서 여러 개가 되다.

난리가 나다 큰일이 나서 사람들이 시끄럽게 떠들다.

남기다 재산이나 빚 등을 다 없애지 않고 자식이나 손자 등에게 전하다.

낫다 더 좋다.

낯설다 전에 본 적이 없어서 모르다.

놀리다 장난으로 다른 사람을 부끄럽게 만들다.

농사짓다 곡식이나 채소를 기르는 일을 하다.

누님 '누나'의 높임말.

ㄷ

다가가다 가까이 가다.

다림질하다 다리미로 구겨진 옷을 펴다.

달구다 쇠나 돌 등을 불에 넣어 뜨겁게 하다.

달래다 울거나 화를 내는 사람을 잘 이야기해서 기분이 좋아지도록 도와주다.

닮다 생긴 모습이나 성격이 서로 비슷하다.

답답하다 너무 좁거나 창문이 없어 꽉 막힌 느낌이 있다.

대문 전통 한옥에서 볼 수 있는 문으로 집 안으로 들어가거나 나갈 때 사용하는 큰 문.

댁 남의 집을 높여 가리키는 말.

데리고 오다 자기가 올 때 친구나 아랫사람을 자기와 같이 오도록 하다.

도대체 상대방의 행동이나 상황이 전혀 이해가 안 될 때 그에 대해 질문하며 사용하는 말.

돌아가시다 '죽다'의 높임말.

동네 자기가 사는 집의 근처.

두다 어떤 자리에 놓다.

둘러보다 주위를 이리저리 살펴보다.

들여다보다 잘 보려고 가까이 가서 자세히 보다.

때리다 손이나 손에 든 물건으로 치다.

떠들다 시끄럽게 이야기하다.

떨리다 너무 춥거나 무서워서 목소리의 높낮이가 심하게 바뀌다.

떨리다 몸의 어떤 부분이 작게 자꾸 움직이다.

ㅁ

마당 대문 안쪽에 있는 넓은 땅.

마음에 들다 만족하다. 자기 마음에 맞아 아주 좋다.

마음을 놓다 걱정하지 않고 마음을 편안히 가지다.

마침 아주 알맞은 때에. 상황에 아주 알맞게.

말싸움 말로 하는 싸움.

망설이다 이것저것 생각만 하고 마음이나 태도를 결정하지 못하다.

맡다 코로 냄새를 느끼다.

머무르다 움직이다가 멈추어서 그대로 있다.

모으다 쓰거나 먹지 않고 쌓아 놓다.

못되다 성격이나 행동이 아주 좋지 않다.

무수히 셀 수 없이 많이.

ㅂ

바구니 과일이나 채소를 옮기는 데 쓰려고 대나무 등을 엮어서 만든 그릇.

바느질 바늘과 실로 옷을 만들거나 고치는 일.

방학하다 학기가 끝난 뒤 얼마 동안 수업을 쉬다.

벌떡 갑자기 급하게 일어나는 모양.

벌리다 둘 사이를 넓히거나 둘 사이에 거리를 두다.

벽장 한쪽 벽을 뚫고 공간을 만들어 그 속에 물건을 넣어 두는 곳.

봉투 편지나 서류 등을 넣기 위해 종이로 만든 주머니.

부르다 말이나 몸짓으로 다른 사람을 오라고 하다.

불평을 하다 마음에 들지 않는 것을 말로 표현하다.

빗기다 빗으로 남의 머리카락을 바르게 정리해 주다.

빗다 빗으로 머리카락을 바르게 정리하다.

뺨 얼굴 양쪽의 넓은 살.

뽀뽀 볼이나 입술 등에 입을 맞추는 것.

뽑다 어디에 붙어 있는 것을 당기어 밖으로 빼다.

삐죽거리다 기분이 좋지 않아서 입을 앞으로 빼고 이리저리 움직이다.

ㅅ

사라지다 없어지다.

사랑방 예전에 집안의 남자 어른이 지내던 방 또는 남자 손님을 맞았던 방.

삶다 물에 넣고 끓여 익히다.

서랍 책상이나 옷장 등에 붙어 끼웠다 뺐다 하는 상자.

석양 저녁 해.

선녀 하늘나라에서 사는 여자.

세다 강하다.

소곤거리다 남이 알아듣지 못하게 작은 소리로 말하다.

손뼉을 치다 두 손을 마주쳐 소리를 내다.

숨다 남한테 보이지 않는 곳이나 남이 자기를 찾을 수 없는 곳에 가 있다.

시들다 꽃이나 풀이 말라서 죽어 가다.

식구 가족. 같은 집에서 같이 밥을 먹으며 같이 사는 사람들.

신이 나다 굉장히 즐겁고 기분이 좋다.

실컷 하고 싶은 만큼 다.

심부름 남이 시키는 일을 하는 것.

싸다 보자기나 가방을 이용해 가지고 다니기 좋게 만들다.

쓰다듬다 머리나 등 등을 손으로 쓸듯이 가볍게 만지다.

ㅇ

아차 무엇이 잘못되었거나 실수했음을 갑자기 알게 되었을 때 하는 말.

안방 집주인이 사는 가장 크고 좋은 방.

안심하다 걱정하지 않고 마음을 편하게 가지다.

앞장을 서다 가장 앞에 가서 서다.

어리광을 부리다 귀여움을 받으려고 어린아이처럼 행동하다.

얼른 빨리.

업다 남을 자기 등에 올리고 손으로 붙잡다.

엉망진창 어떤 일이나 장소가 아주 심하게 잘못되어 있는 상태.

에잇 기분이 갑자기 나빠졌을 때 내는 소리.

열중하다 어떤 한 가지 일만 생각하고 행동하다.

예배 신에게 존경하는 마음으로 드리는 의식.

올봄 올해 봄.

옷장 옷을 넣어 두는 가구.

외삼촌 엄마의 오빠나 남자 동생.

외치다 큰 소리로 말하다.

욕하다 매우 잘못하고 있다고 나쁘게 말하다.

울음을 터뜨리다 갑자기 크게 울다.

유치원 8세 이전의 아이들이 다니는 교육 시설.

유쾌하다 즐겁고 상쾌하다.

이제 지금. 지금부터.

인형 사람이나 동물 모양으로 만든 장난감.

입을 막다 소리를 내지 않도록 빨리 손을 입 위에 놓다.

ㅈ

자꾸 계속 여러 번.

자랑 자기가 가진 것, 자기와 관계있는 것 중에서 좋은 것을 남에게 말하거나 보여 주는 것.

자물쇠 열고 닫는 물건을 잠그는 데 사용하는 물건.

잠그다 열쇠로 문이 열리지 않도록 하다.

장롱 옷이나 이불을 넣어 두는 가구.

재우다 자게 하다.

접다 작게 만들려고 종이나 우산 같은 것을 반씩 겹치다.

조카딸 자기 형제자매의 딸.

지르다 목소리를 아주 크게 내다.

지폐 종이로 만든 돈.

ㅊ

참다 감정을 누르다. 하고 싶은 것을 하지 않다.

창백하다 얼굴에 붉은빛이 없고 하얗다.

창백해지다 얼굴에 붉은빛이 사라지고 하얗게 되다.

창피하다 부끄럽다.

찾아내다 찾기 어려운 것을 찾다.

채우다 문이나 서랍 등을 자물쇠 등으로 열지 못하게 하다.

천장 지붕의 안쪽.

치우다 청소하다. 물건을 다른 데로 옮기거나 버리다.

ㅋ

큰외삼촌 어머니의 남자 형제 중에서 가장 나이가 많은 사람.

키우다 보살펴서 자라게 하다.

ㅍ

평소 보통 때.

풍금 피아노와 비슷한 모양이나 발로 바람을 넣어 소리를 내는 악기.

ㅎ

하숙집 매달 집주인에게 방값과 밥값을 내면서 사는 집.

한숨을 쉬다 걱정이 있어서 숨을 길게 쉬다.

한참 오랫동안.

허락 아랫사람이 하고 싶다고 하는 일을 하라고 하는 것.

혼잣말 혼자 하는 말.

홍당무 당근.

훨씬 아주 많이.

흔들다 어떤 것을 위아래, 앞뒤 등으로 자꾸 움직이다.

흘기다 마음에 들지 않아 눈동자를 옆으로 돌려서 보다.

한국어읽기연구회

한국어 학습자들이 한국어와 한국 문화에 흥미를 가지고 학습할 수 있도록 한국어 읽기 자료를 개발하고 연구하는 모임입니다.

김병희

한국 현대 성장소설 연구로 서울여자대학교에서 박사학위를 받았습니다. 한신대학교에서 기독교 문학과 예술을 연구했으며, ≪시조문학≫에 현대시조 작품에 대한 해설을 집필했습니다. 한국어 교열 작업에 관심을 가지고 활동해 왔으며, 한국어 읽기 자료의 개발과 개작에 참여하고 있습니다.

이지나

서울여자대학교 교양학부 초빙교수로 한국어와 한국시를 가르치고 있으며, 학이시습에서 한국어교육 기획위원으로 활동하고 있습니다. 백석 시의 원전비평으로 서울여자대학교에서 박사학위를 받았습니다. 런던대학교와 하버드대학교에서 한국문학을 연구하면서 한국어를 가르쳤습니다.

임은하

서울여자대학교 교양학부 교수로 학부와 대학원에서 한국어교육 과목을 가르치고 있습니다. 또한 언어교육원 한국어교육부 교육부장으로서 외국인 학생을 위한 한국어프로그램을 운영하고 있습니다. 연세대학교 한국어학당에서 한국어를 오랫동안 가르쳤고, 서울여자대학교에서 인과관계접속어미 연구로 박사학위를 받았습니다.

최현주

신소설의 범죄 서사를 연구하여 서강대학교에서 박사학위를 받았습니다. 신소설 연구를 계속하여 박사후과정도 마쳤습니다. 이후 대학에서 글쓰기와 문학을 가르치다가 외국인 학생들을 만나면서 한국어교육에 관심을 갖게 되었습니다. 문학을 통해 한국의 사회와 문화에 다가가는 길을 고민하고 있습니다.